cocina
latinoamericana

cocina latinoamericana

sabores del mundo

ELISABETH LUARD

tabla **de** equivalencias

Las equivalencias exactas de la siguiente tabla han sido redondeadas por conveniencia.

medidas de líquidos/sólidos

sistema imperial (EE UU)	sistema métrico
1/4 de cucharadita	1,25 mililitros
1/2 cucharadita	2,5 mililitros
3/4 de cucharadita	4 mililitros
1 cucharadita	5 mililitros
1 cucharada (3 cucharaditas)	15 mililitros
1 onza (de líquido)	30 mililitros
1/4 de taza	60 mililitros
1/3 de taza	80 mililitros
1/2 taza	120 mililitros
1 taza	240 mililitros
1 pinta (2 tazas)	480 mililitros
1 cuarto de galón (4 tazas)	950 mililitros
1 galón (4 cuartos)	3,84 litros
1 onza (de sólido)	28 gramos
1 libra	454 gramos
2,2 libras	1 kilogramo

temperatura del horno

fahrenheit	celsius	gas
225	110	1/4
250	120	1/2
275	140	1
300	150	2
325	160	3
350	180	4
375	190	5
400	200	6
425	220	7
450	230	8
475	240	9

longitud

sistema imperial (EE UU)	sistema métrico
1/8 de pulgada	3 milímetros
1/4 de pulgada	6 milímetros
1/2 pulgada	1,25 centímetros
1 pulgada	2,5 centímetros

Love Food® is an imprint of Parragon Books Ltd
Love Food® and the accompanying heart device is a trademark of Parragon Books Ltd

Copyright © Parragon Books Ltd

Copyright © 2009 de la edición española
Parragon Books Ltd
Queen Street House
4 Queen Street
Bath BA1 1HE, RU

Traducción del inglés: Montserrat Ribas
para Equipo de Edición, S.L., Barcelona
Redacción y maquetación: Equipo de Edición, S.L., Barcelona

ISBN: 978-1-4075-7010-5
Impreso en China/Printed in China

Creado y producido por the Bridgewater Book Company Ltd

Fotografía: Laurie Evans
Economía doméstica: Carol Tennant

Créditos fotográficos:
La editorial quiere dar las gracias a Envision/Corbis por su autorización para reproducir
el material de la página 32.

Notas:

· Las cucharadas indicadas en las medidas son rasas: las cucharaditas corresponden a 5 ml
y las cucharadas, a 15 ml.
· Si no se especifica otra cosa, la leche es siempre entera; los huevos y las frutas que se
indiquen en piezas, por ejemplo, los plátanos, son medianos, y la pimienta, negra y
recién molida.
· Los tiempos indicados son orientativos.
· Algunas recetas contienen frutos secos, y por lo tanto no son adecuadas para personas
alérgicas a ellos. Si éste es su caso, evite su consumo y el de productos que los contengan.
· Las recetas que llevan huevo crudo o poco hecho no están indicadas para niños, ancianos,
mujeres embarazadas ni personas convalecientes o enfermas.

Contenido

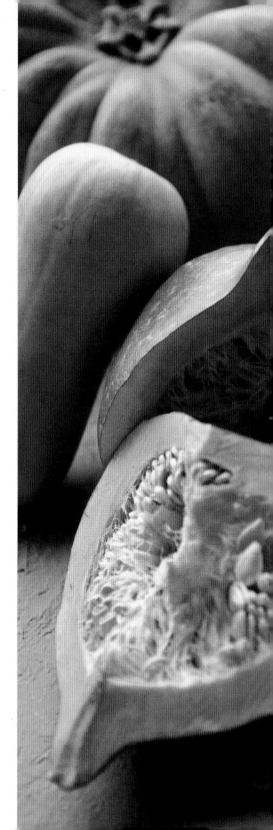

Introducción

La cocina latinoamericana resulta agradablemente familiar a la vez que exótica y estimulante. Tome un puñado de ingredientes que no se encuentran en ningún otro lugar del mundo, añada el conocimiento de una variedad de expertos culinarios autóctonos y el resultado, como era de esperar, es una cocina variada, compleja y con un elevado grado de sofisticación.

La dieta precolombina

Las primeras civilizaciones de la región: olmeca, maya y azteca en América Central y la inca en Perú, sabían cómo conseguir que sus materias primas quedaran gustosas. Afortunadamente, porque algunas de ellas, sin tratar, no eran adecuadas para el sistema digestivo humano (maíz y mandioca), otras precisaban un largo y complicado proceso (vainilla y chocolate) y otras simplemente eran venenosas (la tóxica y amarga mandioca).

Tras la llegada de los europeos hace unos quinientos años, durante el transcurso de lo que se conoció como «intercambio colombino», se intercambiaron recetas e ingredientes entre el Viejo y el Nuevo Mundo, hasta que los hilos se enredaron tanto que es imposible saber ahora dónde acaba una tradición y empieza otra. ¿Quién es capaz de saber si los ceviches de México y Guatemala se acercan más a los encurtidos españoles que al pescado crudo adobado que consumían los mayas? ¿Quién hubiera pensado que el achiote indígena, una semilla utilizada por los aztecas para dar color y sabor a sus platos, sería usado como sustituto del azafrán español, además de reproducir el color

dorado del aceite de dendé, un ingrediente de origen puramente africano? El café, las bananas y el coco, cultivos muy comunes hoy en la zona, eran desconocidos en tiempos precolombinos.

El intercambio colombino

El tráfico transatlántico de doble dirección prosiguió a lo largo del período colonial (aproximadamente de 1500 a 1900), llevando ingredientes del Nuevo Mundo a las despensas del Viejo Mundo. Es difícil imaginar la dieta europea o asiática, o incluso la norteamericana, sin patatas, maíz, alubias, tomates, chocolate, aguacates y calabazas, por no hablar del potente y adictivo chile. A su vez, el Viejo Mundo suministró el ganado, del que se utilizaba la leche y la carne, ovejas para la lana y queso, cerdos y aves de corral, así como los dos cereales eurasiáticos por excelencia: el trigo y el arroz.
Lo más importante de todo, para unas gentes que no conocían la rueda, fue que los europeos introdujeron un medio de transporte: el caballo, con el que podían transportar personas y productos por tierra en lugar de por mar.

Los materiales y medios de transporte no fueron las únicas consecuencias del intercambio. Como los primeros colonizadores eran o soldados sin sus esposas o sacerdotes solteros, tuvieron que contratar a cocineros locales y ello llevó a que las culturas culinarias se fueran entretejiendo hasta resultar en lo que son en la actualidad.

Ingredientes de mayor influencia

La geografía y la latitud dictan las materias primas de la cocina latinoamericana. El continente, de norte a sur, abarca ambos hemisferios, y las tierras colonizadas por España y Portugal se extienden desde los húmedos y calurosos trópicos hasta el casquete polar; al este las selvas del Amazonas, al oeste los desiertos de los altiplanos andinos. El nexo común, la línea costera, está frente a dos océanos: el Atlántico y el Pacífico. La diversidad geográfica, junto con la relativamente tardía aparición de enclaves humanos y la dificultad de comunicación entre los grupos, llevó al desarrollo de una gran variedad de hábitats inalterados por la presencia del hombre.

A pesar de ello, mucho antes de la llegada de los europeos, los habitantes indígenas ya cultivaban sofisticadas variedades de plantas comestibles desconocidas en otros lugares del planeta, y desarrollaban formas de procesar alimentos que, en su estado natural, eran en el mejor de los casos desagradables al gusto y en el peor mortales. Los más útiles y fáciles de cultivar, como el maíz, las alubias y las patatas, pronto se convirtieron en alimentos básicos para llenar las despensas del mundo; otros, como el tomate, el aguacate y las calabazas se hicieron populares por su buen sabor. El chile fue muy bien recibido como sustituto de la pimienta por las gentes más pobres de Europa y Asia, puesto que la auténtica pimienta no sólo era difícil de conseguir sino que también tenía un precio prohibitivo; el chile fue modificado hasta obtener los pimientos dulces que fueron reexportados a su lugar de origen.

Incluso hoy en día muchos de los cereales y verduras de la región siguen sin explotarse fuera de su territorio original, a veces porque ocupan un hábitat concreto que no puede reproducirse en ningún otro lugar, pero en general porque no se ha acabado de comprender su preparación ni su utilidad.

Diferencias y similitudes regionales

Dentro de toda esta diversidad, los hábitos culinarios de las 26 naciones soberanas que componen la población actual de Latinoamérica son, si no idénticos, sí parecidos.

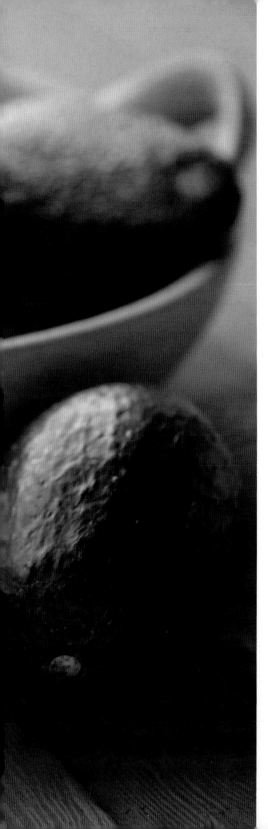

El elemento unificador, con los hábitats tan diversos y la población nativa muy desperdigada, fue el intercambio colombino que empezó en 1492.

La dieta tradicional de los pueblos indígenas estaba basada en el maíz, las alubias y las patatas, con el cultivo de mandioca donde ninguno de estos tres cultivos podía sobrevivir. Esta sencilla pero nutritiva dieta era equilibrada gracias a una gran variedad de calabazas y verduras que cultivaban junto a los ingredientes básicos, y complementada por productos que cazaban y cultivaban: animales de caza, insectos, reptiles, pescado y marisco, algas, hierbas y setas. La carne, asada a la parrilla o en horno de arcilla, la tomaban sólo en días festivos o cuando hacían ofrendas a los dioses.

En la cocina postcolombina, la base de los hábitos culinarios reside en el conocimiento de qué ingredientes combinan bien entre sí. Los alimentos cuyo sabor combina bien se presentan juntos, aunque no necesariamente cocinados a la vez. No encontrará salsas complicadas ni reducciones para condimentos, y con la excepción de los postres, pocas cosas que precisen ser enriquecidas con mantequilla o crema de leche. El queso, tanto fresco como curado, suele servirse como plato complementario, para realzar el principal o como sustituto de la carne. La carne la preparan siguiendo los métodos tradicionales de cocinar los animales cazados; los animales de edad y procedencia incierta se cuecen a fuego lento en una olla tapada. El pescado, por otro lado, lo cuecen poco, o incluso lo toman crudo. Los pescados de agua dulce no suelen cocinarse frescos, sino que se secan para conservarlos sin sal, aunque su sabor es fuerte y raramente los encontrará fuera de Latinoamérica.

Las legumbres y los alimentos feculentos se suelen comer juntos, ya sea en forma de envoltorios, como las tortillas mexicanas con frijoles, o en estofados sin carne, como los platos de alubias con maíz de Chile, Ecuador y Bolivia. La Amazonia tiene platos hechos con mandioca, un tubérculo de los trópicos. Las patatas son el alimento básico de los altiplanos andinos, y los inmensos pinares del sur de Chile aportan los piñones, la tradicional fuente de proteína. Los gauchos de Argentina, del sur del Brasil y de Uruguay prefieren una dieta a base de carne de sus trashumantes rebaños de ganado europeo, a la que añaden verduras cuando no tienen otra opción. En otros lugares las verduras tienen presencia propia y no necesitan carne ni pescado cuando cuentan con platos de alubias y cereales para satisfacer al comensal más exigente.

El chile es el condimento tradicional para platos tanto dulces como salados (la sal y el azúcar entraron a formar parte de la dieta en época colonial). Los postres son básicamente de origen hispánico, todo un repertorio de flanes y pastelitos, cuyos secretos pasaron de los moros de Andalucía a los cocineros de los conventos cristianos de España y Portugal. Entre las sustancias embriagadoras destacan una cerveza hecha con la savia fermentada del maguey, la hoja de la coca, que se mastica, y el mate, una infusión estimulante preparada con las hojas de un arbusto del desierto.

La fruta es muy abundante en las zonas tropicales, la hallará en cualquier puesto ambulante, exprimida o troceada. En los mercados de las ciudades la comida que se vende en la calle puede ser cualquier cosa que pueda sostenerse en la mano, y suele consistir en productos económicos y de temporada, como los tamales (masa de harina de maíz, envuelta en hojas de plátano o de maíz) o los tacos (tortillas de maíz que envuelven carne deshilachada). En Río de Janeiro el alimento durante el carnaval es un buñuelo frito en aceite de dendé y hecho con guisante pinto molido y pequeñas gambas secadas al sol. A lo largo de la costa de Chile, donde la población vive a sólo uno o dos kilómetros del mar, la comida que se vende en la calle es el marisco recién capturado: ostras, orejas de mar y navajas.

La cocina latinoamericana actual

La cocina tradicional de Latinoamérica es una combinación de conocimiento y habilidad, sin demasiadas complicaciones; los ingredientes se eligen con cuidado y se preparan de modo sencillo, dejando que destaquen por sí mismos. Esto no es necesariamente evidente cuando pensamos en el chile con carne, el arroz con frijoles y los tacos, todos ellos desde hace tiempo muy populares como comida rápida que se compra en las calles o se prepara al aire libre.

La cocina doméstica latinoamericana es menos conocida. Mientras que los hábitos culinarios de México, Brasil y del Caribe son más populares fuera de su territorio, los de Colombia, Venezuela, Perú, Ecuador, Chile, Argentina, Paraguay y Uruguay son un territorio menos explorado y que merece la pena conocer.

Todo país tiene sus propios ingredientes y recetas típicos. Muchas de las diferencias son el resultado de variaciones del clima y de la influencia de los colonizadores. Las civilizaciones indígenas intercambiaron conocimientos culinarios durante miles de años: los mayas importaron de Perú el chile alargado de los incas, que crece hacia arriba, y lo cruzaron con la variedad mexicana en forma de farolillo, que crece hacia abajo; ambos tipos son muy picantes.

Aunque los platos tradicionales se preparan siguiendo recetas que han pasado de generación a generación, la cultura culinaria sigue evolucionando: hay poblaciones que emigran y otras que llegan. El estilo nuevo latino, o tradicional modernizado, está ganando popularidad en el sur de Río Grande, así como en los sofisticados restaurantes de Los Ángeles, Miami y Nueva York. Las reglas están hechas para romperlas, así que si no encuentra el ingrediente exacto o simplemente quiere presentar su plato de una forma nueva, únase al club: ¡adapte, invente y disfrute!

Aperitivos
y tentempiés

El menú diario en toda la zona latinoamericana no consiste tanto en una serie de comidas principales, sino más bien en varias tomas espaciadas desde el alba hasta el mediodía, cuando toman platos consistentes de alubias y cereales, y la noche, cuando comen algo ligero.

Entre los platos que se consideran tentempiés y que se comen a lo largo del día, además de servir como primeros platos, están el clásico ceviche (pescado crudo adobado) y el escabeche, pescado fresco cocinado y escabechado con vinagre y especias. Después están los bocaditos, como las quesadillas y empanadas, que ofrecen deliciosos rellenos envueltos. Dentro de esta categoría están también las sopas sencillas.

Ceviche de pez espada
con gambas

El pescado y el marisco se «cuecen» en el zumo de cítricos del adobo, sin cocinar: un método que también utilizan los pescadores de los mares del Sur, primeros colonizadores de la costa americana del Pacífico.

Para 4-6 personas

350 g de filetes de pez espada

250 g de gambas

el zumo de 3 limas

1 cucharadita de sal marina

2 cucharadas de hojas de cilantro, picadas gruesas

1 chile verde o rojo, despepitado y picado

2 cucharadas de papaya o aguacate cortados en dados (opcional)

Para servir:

trozos de lima

nachos de maíz sin sal o tortillas de maíz

Retire la piel y las espinas del pescado, córtelo en trozos del tamaño de un bocado procurando que no quede ninguna espina y páselos a un cuenco no metálico.

Quite las cabezas y las colas de las gambas y pélelas. Si son grandes, retire el hilo intestinal del dorso, tirando desde el centro de la cola. Reserve las cáscaras para hacer un caldo.

Agregue las gambas al pescado con $2/3$ del zumo de lima y la sal, y mézclelo con suavidad. Cubra el cuenco con film transparente y deje macerar el pescado en el compartimento de las verduras del frigorífico, de 2 a 3 horas o hasta que la carne se haya vuelto opaca.

Escurra el pescado, desechando el jugo, y alíñelo con el resto del zumo de lima, el cilantro y el chile. Añada la papaya, si la utiliza.

Sirva el ceviche a temperatura ambiente con trozos de lima y nachos sin sal o tortillas de maíz cortadas en pequeños triángulos o cuadrados y salteadas en un poco de aceite vegetal hasta que estén crujientes.

Escabeche de bonito o atún

Para 4-6 personas

500 g de rodajas de bonito o atún
(o cualquier otro pescado de carne
consistente)

2 cucharadas de harina

2-3 cucharadas de aceite de oliva

sal y pimienta

Adobo:

1 cebolla cortada en rodajitas

1 diente de ajo chafado

1 zanahoria pequeña, raspada
y cortada en daditos

1 cucharada de orégano seco
desmenuzado

1 cucharadita de semillas de cilantro
machacadas

1 chile rojo fresco o seco,
despepitado y picado

4 cucharadas de vinagre de vino
o zumo de limón

Para servir:

500 g de pimiento rojo fresco
o en conserva

1-2 cucharadas de aceite de oliva

hojas de lechuga

tortillas de maíz o arepas
(tortillas chilenas)

El escabeche con vinagre y hierbas aporta sabor y alarga un poco la vida a las capturas del día. La técnica se originó en los tiempos en que no había refrigeración, pero el resultado fue tan sabroso que se sigue utilizando en la actualidad.

Retire la piel y las espinas del pescado. Córtelo en tiras, quitando las espinas que pudieran quedar, y páselas a un cuenco no metálico. Espolvoréelas ligeramente con sal, cúbralas y déjelas a temperatura ambiente 10 minutos, para que se vuelvan firmes. A continuación, escurra el líquido que suelten.

Extienda la harina en un plato y salpimiéntela. Reboce las tiras de pescado con la harina.

Caliente el aceite en una sartén grande y vaya friendo las tiras de pescado por tandas, a fuego medio-alto, dándoles la vuelta una vez, de 1 a 2 minutos, lo justo para dorarlas y aportarles firmeza. Con cuidado páselas a un plato llano, disponiéndolas en una sola fila. Repita la operación hasta que todo el pescado esté frito.

Recaliente la sartén con el jugo de la fritura y a fuego medio rehogue unos instantes la cebolla, el ajo y la zanahoria para que se mezclen los sabores. Añada el orégano, el cilantro, el chile, el vinagre y un chorrito de agua. Deje que burbujee a fuego vivo unos minutos, hasta que las verduras estén tiernas, y después eche el contenido de la sartén sobre las tiras de pescado y deles la vuelta con suavidad. Cubra el plato con film transparente y déjelo en un lugar fresco un mínimo de 4 horas o mejor toda la noche.

Mientras tanto, prepare los pimientos rojos, si los utiliza. Si son frescos precaliente el horno a 230 °C, colóquelos en la bandeja del horno y áselos de 10 a 15 minutos, hasta que estén tiernos y la piel se haya chamuscado en parte. Métalos en una bolsa de plástico y déjelos reposar 10 minutos para que la piel se desprenda. Corte la pulpa en tiras y alíñela con el aceite. Si los pimientos son en conserva, córtelos en tiras y alíñelos.

Extienda las tiras de pimiento sobre el pescado y sírvalo con hojas de lechuga y tortillas de maíz o arepas para acompañarlo.

Quesadillas

Para 12 unidades

aceite vegetal, para freír o untar
leche, para pintar (opcional)

Masa:

625 g de harina, y un poco más
para espolvorear
½ cucharadita de sal
4 cucharadas de aceite de oliva
unos 170 ml de agua caliente

Relleno:

4 cucharadas de queso de Oaxaca
o gruyer rallado
150 g de requesón o ricotta
1 cucharadita de chile verde picado
1 cucharada de cilantro picado

Salsa de chile:

500 g de tomates frescos maduros,
pelados y cortados en dados,
o de lata triturados
1 chile rojo fresco o seco,
despepitado y picado
1 diente de ajo picado
1 cucharada de aceite de oliva

Un sabroso relleno de queso envuelto en una crujiente y dorada cobertura.
La masa de las quesadillas, hecha con agua caliente y aceite de oliva, queda muy bien
frita pero también se puede preparar en el horno.

Primero prepare la masa. Tamice la harina y la sal sobre un cuenco y, con las manos, incorpore el aceite de oliva y el agua caliente suficiente hasta obtener una masa suave que se desprenda de los costados del cuenco. También puede prepararla en el robot de cocina. Haga una bola con la masa, envuélvala en film transparente y déjela reposar en un lugar fresco 30 minutos.

Mientras tanto, prepare el relleno y la salsa. En un bol aparte mezcle ambos quesos con el chile y el cilantro y resérvelo. Ponga todos los ingredientes de la salsa en la batidora o robot de cocina y tritúrelos hasta obtener un puré. Páselo a un cazo y déjelo a fuego suave unos 10 minutos o hasta que se haya espesado a su gusto. Resérvelo.

Coloque la masa sobre una tabla enharinada, dele forma tubular y córtela en 12 trozos iguales. Con las manos, forme una bola con cada trozo de masa. Con el rodillo o las manos forme redondeles delgados del diámetro de un platito: le resultará más fácil si coloca la masa entre 2 láminas de film transparente.

Ponga una cucharadita de relleno en un costado de cada redondel, dejando un buen margen a su alrededor. Haga un hoyo en el centro del relleno y añada una pizca de salsa. Humedezca el reborde de cada redondel, dóblelo por la mitad para que el relleno quede dentro y presione los bordes para sellarlo.

Una vez preparadas todas las quesadillas, caliente abundante aceite en una sartén a fuego medio-alto y vaya friéndolas por tandas, 2 minutos por cada lado o hasta que estén doradas y crujientes. Retírelas y déjelas escurrir sobre papel de cocina.

Si prefiere prepararlas al horno, caliéntelo a 190 °C, disponga las quesadillas en hileras en la bandeja del horno engrasada, píntelas con un poco de leche y pínchelas con un tenedor. Hornéelas de 15 a 20 minutos o hasta que se hayan hinchado y estén doradas.

Sírvalas calientes, mientras el relleno todavía está cremoso y líquido, con la salsa de chile extra para mojar.

Empanadas de cangrejo

Para 4-6 personas

aceite vegetal, para untar

leche, para pintar

Relleno:

250 g de carne de cangrejo fresca
preparada

2 cucharadas de aceite de oliva

2 dientes de ajo picados

2 chiles verdes despepitados
y picados

1 pimiento verde despepitado
y cortado en dados

2 cucharadas de tomate cortado
en dados o 1 cucharada de
concentrado de tomate

1 cucharada de aceitunas
deshuesadas y picadas

Masa:

500 g de harina, y un poco más
para espolvorear

1 cucharada de levadura en polvo

½ cucharadita de sal

7 cucharadas de manteca, enfriada
y cortada en dados

1 huevo grande

1 yema de huevo

Para servir (opcional):

1 aguacate maduro, deshuesado,
pelado y triturado

el zumo de 1 lima

1 cucharada de cilantro picado

Estas crujientes empanadillas contienen carne de cangrejo fresca (el cangrejo araña
es perfecto) sazonada con ajo, chile y aceitunas. Si lo prefiere, puede utilizar masa
ya preparada.

Primero haga el relleno. Examine la carne de cangrejo y retire los trocitos de cáscara que pueda haber. Caliente el aceite en una sartén y sofría el ajo, el chile y el pimiento verde a fuego medio, removiendo con frecuencia, 4 o 5 minutos o hasta que estén tiernos. Incorpore el tomate y déjelo hasta que burbujee, presionándolo para que se mezcle con los demás ingredientes. Añada la carne de cangrejo y las aceitunas y deje que vuelva a burbujear. Retírelo del fuego y déjelo enfriar mientras prepara la masa.

Tamice la harina, la levadura en polvo y la sal sobre un cuenco grande. Con un cuchillo afilado incorpore la manteca a la harina hasta que ésta tenga consistencia de pan rallado. Bata el huevo con la yema extra e incorpórelo poco a poco a la mezcla de harina, con el cuchillo o los dedos, agregando el agua fría suficiente para conseguir una masa suave. También puede preparar la masa en el robot de cocina. Forme una bola y úntela con aceite o envuélvala con film transparente. Déjela reposar en un lugar fresco 30 minutos.

Precaliente el horno a 190 °C. Extienda la masa con el rodillo sobre una superficie enharinada, hasta que adquiera un grosor de 5 mm. Utilice una copa de vino para cortar pequeños redondeles: escoja el tamaño que desee. Ponga un poco de relleno en cada redondel, humedezca los bordes, dóblelo por la mitad para encerrar el relleno y presione los bordes para sellar las empanadas. Colóquelas en hileras en la bandeja del horno engrasada, pinte la superficie con leche y pínchelas con un tenedor.

Hornee las empanadas de 15 a 20 minutos o hasta que estén doradas y crujientes. Si lo prefiere, sírvalas con una salsa para mojar hecha con el aguacate mezclado con el zumo de lima y el cilantro.

Llapingachos con ají de maní

Estos bocaditos de patata, una receta de comida rápida de Ecuador, tienen una agradable textura rugosa que combina de maravilla con la salsa granulosa y espesa llamada *ají de maní*.

Para 4-6 personas

4 patatas harinosas grandes, limpias y cortadas en cuartos

2 cucharadas de queso rallado tipo cheddar

2 cucharadas de cilantro picado

1 chile rojo o verde, despepitado y picado

1 huevo grande batido

aceite vegetal, para freír

sal

Salsa de maní:

225 g de cacahuetes tostados o mantequilla de cacahuete gruesa

2 cucharadas de zumo de limón

1 cucharadita de azúcar de caña sin refinar

4 chiles amarillos o rojos, despepitados

1 pimiento rojo, despepitado y picado

2 cucharadas de ricotta

½ cucharadita de sal

Cueza las patatas con su piel en una olla con agua hirviendo, 20 minutos o hasta que estén tiernas. Escúrralas y reserve unos 170 ml del agua de cocción. En cuanto las patatas se hayan enfriado lo suficiente para poder manipularlas, pélelas. Reserve dos trozos y chafe el resto en un bol con un tenedor. Con las manos, pero sin deshacer todos los grumos, incorpore el queso, el cilantro, el chile, el huevo y un poco de sal.

Ponga todos los ingredientes de la salsa en la batidora o robot de cocina con los trozos de patata y el agua de cocción reservados, y haga un puré. Pase la salsa a un cazo y caliéntela a fuego suave hasta que burbujee.

Caliente abundante aceite en una sartén grande a fuego medio-alto, deje caer cucharadas de la mezcla de patata, por tandas, aplanándola con el dorso de la cuchara, y fría los bocaditos hasta que estén dorados y crujientes por abajo. Deles la vuelta y fríalos por el otro lado. Retírelos y déjelos escurrir sobre papel de cocina.

Sirva los llapingachos calientes, con la salsa aparte, o bien disponga una cucharadita de salsa sobre cada uno.

Chapale chileno

Este pan de maíz chileno, espesado con patata y enriquecido con queso y piñones, se hornea en una fuente refractaria y se come con un chorrito de salsa de chile.

Para 4-6 personas

mantequilla o manteca,
para engrasar

1 kg de patatas harinosas, limpias

20 g de harina de maíz

4 cucharadas de queso rallado
tipo cheddar

2 cucharadas de piñones tostados

1 cucharadita de copos de chile

1 huevo grande, batido

sal

salsa de chile, para servir

Precaliente el horno a 180 °C. Engrase la bandeja del horno con mantequilla o manteca.

Cueza las patatas con su piel en una olla de agua salada 20 minutos o hasta que estén tiernas. Escúrralas y reserve el agua de cocción. En cuanto las patatas se hayan enfriado lo suficiente para poder manipularlas, pélelas y cháfelas en un cuenco con un tenedor. Con las manos, pero sin deshacer todos los grumos, incorpore la harina de maíz, el queso, la mayor parte de los piñones, los copos de chile, el huevo, un poco de sal y el agua de cocción suficiente para obtener una masa suave.

Extienda la masa en una fuente refractaria y alise la superficie. Esparza el resto de los piñones, presionándolos ligeramente. Hornee el chapale de 45 a 50 minutos o hasta que la superficie esté dorada y crujiente y la masa esté firme. Córtelo en cuadraditos y cómalo aderezado con un chorrito de salsa de chile.

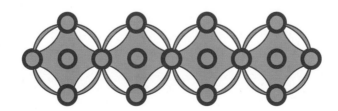

Chupe de maní

Para 4-6 personas

2 cucharadas de aceite
de cacahuete

1 cebolla picada

1 patata harinosa, pelada y cortada
en dados

1 pimiento rojo, despepitado
y picado

2 chiles rojos secos, despepitados
y desmenuzados

1 litro de caldo concentrado
de pollo o carne

4 cucharadas de cacahuetes
tostados picados, y algunos más
para servir

sal y pimienta

Para servir:

2 cucharadas de cilantro picado

tomate cortado en dados

Ésta es una sopa sencilla de rápida preparación, popular en Ecuador y Bolivia, donde el cacahuete o maní, cultivado por los incas, sigue siendo una importante fuente de proteína.

Caliente el aceite en una cacerola de base gruesa a fuego medio y sofría la cebolla, la patata y el pimiento rojo, removiendo con frecuencia, 5 minutos o hasta que estén tiernos pero no dorados.

Agregue los chiles y el caldo y llévelo a ebullición. Reduzca la temperatura y déjelo a fuego suave 15 minutos o hasta que esté todo bien mezclado. Pase la mitad de la sopa a la batidora o robot de cocina, añada los cacahuetes tostados y haga un puré. Vuelva a poner la sopa en la cacerola.

Pruébela, rectifique de sal y recaliéntela un poco. Sírvala en boles soperos, con cilantro picado, dados de tomate y unos cacahuetes.

Chupe de topinambures con elote

En esta elegante sopa, los tiernos granos de maíz realzan el sabor terroso de las aguaturmas. La aguaturma o topinambur es un tubérculo perteneciente a la familia de los girasoles y es autóctona de América.

Para 4-6 personas

500 g de topinambures

125 g de granos de maíz frescos

1 litro de caldo de pollo
o de verduras

sal

Para servir:

2 cucharadas de queso tipo feta, desmenuzado

2-3 ramitas de albahaca fresca, sólo las hojas

1 chile verde despepitado y picado

pan fresco

Lave los topinambures (no hace falta pelarlos) y póngalos en una cacerola bien cubiertos con agua. Añada sal al gusto. Llévelo a ebullición, baje el fuego y cuézalos hasta que estén tiernos: pruébelos al cabo de 20 minutos. Escúrralos y déjelos enfriar. Una vez se hayan enfriado lo suficiente para poder manipularlos, pélelos o déjelos con piel, como prefiera.

Ponga los granos de maíz en una cacerola, cubiertos con agua sin sal. Hiérvalos, baje el fuego y espere 2 o 3 minutos más, para que la piel se ablande. Escúrralos y reserve el agua de la cocción.

Ponga los topinambures en la batidora o robot de cocina con la mitad del maíz, su agua de cocción y el caldo, y haga un puré. Pruébelo, rectifique de sal y vuelva a calentarlo de nuevo.

Sirva el chupe en boles con el queso, la albahaca, el chile y el resto de los granos de maíz por encima. Sírvalo acompañado de pan.

Sopa seca de frijoles con calamares

Para 4-6 personas

250 g de calamares pequeños

2-3 cucharadas de aceite de oliva

1 cebolla pequeña, picada gruesa

4-5 dientes de ajo picados

1 chile verde despepitado y cortado en dados

2 cucharadas de epazote fresco picado, o 2 cucharadas de eneldo fresco picado y 1 cucharadita de semillas de hinojo

80 ml de jerez seco o vino blanco

500 g de frijoles cocidos escurridos

Para servir (opcional):

tortillas de maíz

La *sopa seca* es un plato con base de caldo que es más seco que una sopa pero tiene más líquido que un estofado. En esta receta mexicana el caldo es el líquido de cocción del calamar. El marisco y los frijoles son una combinación popular en todo el país.

Lave el calamar y trocéelo si es grande (conserve los tentáculos y pase los dedos por la superficie interior de cada uno de ellos para eliminar las pequeñas «uñas»).

Caliente el aceite en una cacerola y sofría la cebolla, el ajo, el chile y el epazote a fuego medio, removiendo entre 1 y 2 minutos. Vierta el jerez y deje que burbujee 2 o 3 minutos, hasta que el alcohol se haya evaporado. Eche el calamar y siga removiendo 2 o 3 minutos más, hasta que se vuelva opaco; no lo cueza demasiado o quedará correoso. Retírelo con una espumadera y resérvelo.

Añada los frijoles al jugo de la cacerola y déjelo a fuego suave 5 minutos. Ponga de nuevo el calamar en la cacerola y retírela del fuego. Pruébelo y rectifique de sal (no hará falta pimienta porque el chile ya es lo suficientemente picante).

Sirva la sopa en boles, con tortillas de maíz cortadas en triángulos o cuadraditos, fritos en un poco de aceite hasta que estén dorados, o envueltas en papel de aluminio y calentadas en el horno a temperatura suave.

Platos
principales

La comida principal se toma al final de la jornada laboral, después del mediodía, para tener tiempo para digerir los sustanciosos platos basados en alubias y cereales. Tanto en la ciudad como en las zonas rurales se empieza a trabajar después del alba y se continúa hasta que es hora de irse a casa para la merienda, sobre la una o las dos de la tarde.

Por la noche se suele tomar una comida ligera. Los platos fuertes a base de alubias o los asados sólo se sirven a la hora del almuerzo, mientras que los más ligeros pueden servirse a cualquier hora, también al mediodía. Los platos de pescado y verduras suelen aparecer como plato principal de la cena o como entrante del almuerzo.

Pollo en pepián

En este aromático plato los trozos de pollo se cuecen en una salsa espesada con almendras machacadas y sazonada con pimienta inglesa y azafrán.

Para 4-6 personas

1 pollo de unos 2 kg, troceado en 12 partes

manteca, para cocinar

1 rebanada gruesa de pan del día anterior, cortada en dados

2 dientes de ajo picados

2 cucharadas de cilantro picado

2 cucharadas de almendras peladas y tostadas

1 cucharadita de granos de pimienta inglesa machacados

1 cucharadita de canela molida

6 hebras de azafrán remojadas en 1 cucharada de agua hirviendo, o 1 cucharadita de cúrcuma molida

la ralladura fina y el zumo de 1 limón

170 ml de vino blanco seco

1 cebolla picada gruesa

Limpie los trozos de pollo y recorte la piel que sobre.

Caliente la manteca en una sartén y fría los dados de pan y el ajo a fuego medio, dándoles la vuelta una vez, 4 o 5 minutos o hasta que estén dorados.

Añada el cilantro y remueva unos segundos. Retírelo con una espumadera y páselo a la batidora, robot de cocina o mortero, con las almendras, los granos de pimienta inglesa, la canela, el azafrán y su agua de remojo, la ralladura y el zumo de limón, y el vino. Tritúrelo o májelo en el mortero hasta obtener una salsa espesa.

Fría a fuego medio los trozos de pollo y la cebolla en la manteca que quede en la sartén, dándoles la vuelta con frecuencia, hasta que el pollo esté ligeramente dorado y la cebolla tierna; puede que tenga que añadir un poco más de manteca.

Agregue la salsa y caliéntelo todo hasta que burbujee. Baje el fuego, tape la sartén y déjelo hervir despacio de 20 a 30 minutos o hasta que el pollo esté bien cocido y tierno, añadiendo un poco más de agua si fuera necesario.

Sirva el plato caliente, pero no demasiado.

Feijão preto

Para 6-8 personas

1 kg de frijoles negros

1 cebolla roja picada gruesa

2 cucharadas de aceite de oliva

1 col verde, de aproximadamente
1 kg

2 cucharadas de agua

sal y pimienta o copos de chile

Para servir:

125 g de farofa (harina de mandioca
tostada o gari africano) o nueces
del Brasil, machacadas gruesas y
tostadas en una sartén sin aceite

piri-piri, tabasco o alguna otra salsa
picante

unos 250 g de queso feta
desmenuzado (opcional)

huevos duros cortados en cuartos
(calcule 1 por persona; opcional)

Adecuado para vegetarianos, éste es un plato equilibrado de frijoles y verduras, que se toma con una variedad de salsas picantes. Es la versión cotidiana de la *feijoada* de los sábados, el plato nacional del Brasil.

Examine los frijoles y retire las piedrecitas que pudieran tener. Puede dejarlos en remojo toda la noche para acelerar el proceso de cocción, pero no es imprescindible.

Escurra los frijoles si fuera necesario y póngalos en una olla de barro o una cacerola esmaltada, con la cebolla y el aceite. Cúbralos holgadamente con agua (unos 3 dedos de agua por encima). No añada sal. Llévelo a ebullición y baje el fuego al mínimo. Tape bien la olla y cueza los frijoles 2 horas (3 si eran muy secos) o hasta que estén bien tiernos y la piel se haya ablandado, comprobándolo regularmente y añadiendo más agua hirviendo si fuera necesario. También puede poner la olla en el horno precalentado a 160 °C o utilizar una olla a presión (muy popular para cocer frijoles) y cocerlos durante 40 minutos.

Mientras tanto, prepare la col recortando las partes dañadas o las hojas descoloridas, pero deje toda la parte verde posible. Pártala por la mitad y deseche la parte central dura. Córtela en tiras muy finas con un cuchillo afilado. Páselas a una cacerola grande, añada el agua y llévelo a ebullición. Tape la cacerola, agítela y espere 2 o 3 minutos, hasta que la col empiece a ablandarse. Escúrrala bien.

Suba el fuego de los frijoles o pase la olla del horno al fuego y deje que se evapore el exceso de agua: no deberían quedar con la consistencia de una sopa. Sazone con sal y pimienta o con copos de chile.

Sirva los frijoles en boles hondos, con las tiras de col, la farofa y el piri-piri. Sirva también el queso desmenuzado y los cuartos de huevo duro aparte, para que los comensales los añadan al plato si lo desean.

Pibil de carne de cerdo

Para 4-6 personas

1 paletilla de cerdo de unos 2 kg, con el hueso

325 ml de vinagre de vino blanco

6 dientes de ajo ligeramente machacados

1 cucharadita de granos de pimienta machacados

1 cucharadita de granos de pimienta inglesa machacados

1 cucharadita de sal

2 pimientos rojos o 75 g de chile ancho seco (de sabor suave y afrutado)

2-3 chiles rojos frescos o 75 g de chile guajillo seco (de sabor intenso y picante)

2-3 cucharadas de agua hirviendo (opcional)

1 hoja de banano, sin la vena central (opcional)

2-3 ramitas de tomillo fresco o seco

2 cucharadas de aceitunas verdes

arroz blanco, para acompañar

Aderezo:

3-4 cebollas rojas de sabor suave, cortadas en rodajitas

el zumo y la ralladura fina de 1 lima

1 cucharadita de sal

2 cucharadas de hojas de cilantro picadas

Este plato toma su nombre del *pib*, un horno de tierra que se sigue usando en el Yucatán. La cocción lenta en una olla cerrada garantiza que la carne quede tierna. El envolver la carne en hoja de banano le aporta sabor y un jugo fantástico.

Limpie la paletilla de cerdo. Haga varias incisiones en la piel, sin atravesar la carne, y póngala en un cuenco no metálico.

Ponga el vinagre, el ajo, los granos de pimienta negra e inglesa y la sal en la batidora o robot de cocina y tritúrelo bien. Eche la mezcla sobre la carne, cúbrala y déjela macerar en el frigorífico durante 2 horas.

Mientras tanto, si utiliza pimientos y chiles frescos, despepítelos y córtelos en dados. Si utiliza chiles secos, deseche las pepitas y déjelos en remojo en agua hirviendo unos 20 minutos para ablandarlos.

Precaliente el horno a 150 °C. Escurra la carne y reserve el adobo. Pase el adobo a la batidora o robot de cocina, junto con el pimiento y los chiles frescos o secos, con su agua de remojo, y bátalo hasta formar una pasta espesa. Extienda la pasta sobre la carne, envuélvala en la hoja de banano, si la utiliza, y átela con un cordel de cocina. Coloque la carne en una cazuela de cerámica o una olla de barro, donde quepa bien ajustada. Reparta las ramitas de tomillo y las aceitunas y agregue el agua suficiente para que llegue a la mitad de la altura de la carne. Tape bien la olla.

Ase la carne en el horno precalentado de 2 a 3 horas, o hasta que esté tierna pero sin que llegue a deshacerse. Destape la olla, suba la temperatura a 190 °C y espere 20 minutos más, hasta que la piel esté dorada y el jugo de cocción se haya reducido a una salsa viscosa.

Mientras tanto, prepare el aderezo. En un cuenco no metálico rocíe las rodajas de cebolla con el zumo de lima y sálelas. Cúbralo y déjelo reposar a temperatura ambiente. Añada la ralladura de lima y el cilantro.

Retire la hoja de banano, trinche la carne en lonchas gruesas y sírvalas con el aderezo de cebolla y arroz blanco para acompañar.

Pastel de frijoles pintos con choclo

Para 4-6 personas

6 cucharadas de aceite de oliva
o mantequilla

750 g de cebollas cortadas
en rodajitas

3-4 dientes de ajo picados

1 cucharadita de semillas de comino

1 cucharadita de orégano fresco
o seco

500 g de tomates frescos, pelados
y picados, o de lata triturados

500 g de calabaza pelada,
despepitada y cortada en daditos

750 g de frijoles pintos o borlotti,
cocidos y escurridos

2 cucharadas de aceitunas verdes,
deshuesadas y picadas

2 cucharadas de pasas

1 cucharada de azúcar glas

1 cucharadita de copos de chile

sal y pimienta

Cobertura:

825 g de granos de maíz frescos
o congelados

375 ml de leche

1 huevo batido

En esta receta vegetariana del altiplano chileno, los frijoles pintos y la salsa de tomate picante se cuecen bajo un crujiente gratinado de puré de maíz.

Caliente 4 cucharadas de aceite en una cacerola de base gruesa, eche la cebolla y el ajo y sofríalos a fuego muy lento, removiendo de vez en cuando, de 20 a 30 minutos, o hasta que la cebolla esté tierna y haya cogido un poco de color.

Añada las semillas de comino, el orégano y el tomate y cuézalo presionando el tomate con un tenedor, durante 10 minutos o hasta obtener una salsa espesa.

Incorpore la calabaza y espere a que burbujee. Baje el fuego al mínimo, tape la cacerola y déjelo 10 o 15 minutos más, hasta que la calabaza esté tierna pero no deshecha. Agregue los frijoles, las aceitunas y las pasas. Déjelo todo a fuego suave 5 minutos para que los sabores se entremezclen. Salpimiente al gusto.

Mientras tanto, precaliente el horno a 180 °C. Ponga el maíz y la leche en la batidora o robot de cocina y haga un puré.

Páselo a una cacerola y caliéntelo, sin dejar de remover, durante 5 minutos o hasta que la mezcla se haya espesado un poco. Retírelo del fuego y déjelo entibiar. Agregue el huevo batido y salpimiente.

Pase la mezcla de frijoles a una fuente de barro refractaria (o utilice cazuelitas individuales) y extienda una capa gruesa de puré de maíz por encima: ambas capas deberían tener un grosor similar. Rocíe con el resto del aceite de oliva o ponga unos daditos de mantequilla sobre el puré, y espolvoréelo con el azúcar glas y los copos de chile.

Hornee el plato 30 minutos o hasta que esté dorado y burbujeante. Sírvalo caliente.

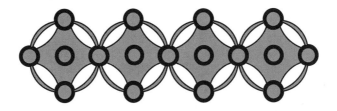

Pollo en mole

Para 6-8 personas

1 cabeza de ajos entera

1 pollo de unos 2 kg

4 ramitas de menta fresca

unos granos de pimienta

2-3 clavos

sal

Mole:

3-4 cucharadas de aceite de oliva
(la manteca es tradicional)

1 cebolla grande en rodajitas

1 plátano maduro o 1 banana verde

1 pimiento rojo, despepitado
y cortado en dados

500 g de tomate fresco o de lata,
pelado y picado

125 g de almendras o cacahuetes
pelados, tostados y machacados

1 cucharadita de semillas de comino

unos granos de pimienta inglesa

1 tortilla de maíz troceada
o 1 cucharada de nachos

50 g de chiles secos, dejados
en remojo 20 minutos en agua
hirviendo y escurridos (reserve
el agua del remojo)

2 cucharadas de pasas

la ralladura fina de 1 naranja

2 cucharadas de cacao sin endulzar
o 50 g de chocolate semiamargo

Para acompañar:

tortillas de maíz calientes
guacamole

En este clásico plato mexicano los trozos de pollo cocidos se sazonan con mole, una salsa picante de chile con cacao, que toma su nombre del mortero en el que se machacan los ingredientes.

Perfore alrededor de la parte central de la cabeza de ajos. Corte el pollo en 12 trozos, lávelos y póngalos en una cacerola grande cubiertos con agua (unos 1,6 litros). Llévelo a ebullición, espumando el caldo, y después añada el ajo, la menta, los granos de pimienta, el clavo y un poco de sal. Deje que vuelva a hervir, baje el fuego, tape la cacerola y deje cocer el pollo de 30 a 40 minutos, o hasta que esté tierno. Retírelo de la cacerola y resérvelo. Cuando se haya enfriado lo suficiente, quítele la piel si lo desea. Cuele el caldo y resérvelo.

Para preparar el mole, caliente 2 cucharadas de aceite en una sartén grande y sofría la cebolla a fuego lento, removiendo de vez en cuando, de 10 a 15 minutos o hasta que esté tierna y dorada. Retírela y resérvela. Pele el plátano y trocéelo. Recaliente el jugo de la sartén, eche el pimiento rojo y déjelo 5 o 6 minutos, hasta que esté tierno pero no dorado. Incorpore el tomate y el plátano y caliéntelo hasta que burbujee; baje el fuego, tape la cacerola y déjelo cocer 20 minutos o hasta que el plátano esté tierno.

Caliente una sartén sin aceite a fuego medio-alto y tueste los frutos secos y las especias, agitando la sartén con frecuencia, unos 3 o 4 minutos, procurando que no se quemen. Páselos al robot de cocina y tritúrelos unos segundos. Resérvelos.

Pase la cebolla y la mezcla de tomate a la batidora o robot de cocina. Despepite los chiles secos, añada la tortilla, los chiles y el agua del remojo y tritúrelo todo hasta que esté bien fino: puede que tenga que añadir un poco del caldo de pollo reservado.

Caliente el resto del aceite en la sartén grande. Eche los frutos secos y las especias triturados y remueva de 1 a 2 minutos, para que los sabores maduren. Incorpore la mezcla de tomate y caliéntelo hasta que burbujee, baje el fuego y déjelo cocer despacio 5 minutos. Añada las pasas, la ralladura de naranja y 1 litro del caldo reservado. Llévelo a ebullición, reduzca la temperatura y déjelo cocer 20 minutos, o hasta que la salsa esté espesa y el líquido se haya reducido un tercio. Mientras tanto, precaliente el horno a 180 °C.

Incorpore el cacao a la salsa y caliéntela sin que llegue a hervir.

Ponga el pollo en una fuente refractaria, eche la salsa por encima, cúbralo con papel de aluminio y déjelo en el horno precalentado de 20 a 25 minutos. Sírvalo con tortillas calientes y guacamole.

Cocido limeño

Para 4-6 personas

350 g de pallares (judías peruanas)

500 g de patatas de carne amarilla, peladas y cortadas en dados

500 g de calabaza o zapallo, despepitada y cortada en dados

350 g de granos de maíz frescos o congelados

Salsa:

2-3 chiles amarillos o rojos, despepitados y picados

1 cebolla pequeña picada

6 cebolletas con la parte verde, picadas

2-3 dientes de ajo picados

2 cucharadas de aceite de oliva

Para servir:

2 cucharadas de hojas de albahaca fresca picadas

2 cucharadas de queso feta desmenuzado

Este plato está hecho con los gorditos y cremosos pallares de principios de temporada, que aparecen en los mercados peruanos justo antes de Navidad. Se trata de un sustancioso plato vegetariano que se sirve tradicionalmente para la cena de Nochebuena, en que no se come carne.

Deje los pallares en remojo toda la noche. Escúrralos y páselos a una cacerola grande y cúbralos con agua abundante, unos 2 dedos por encima. No añada sal. Llévelo a ebullición, reduzca la temperatura y déjelos cocer a fuego lento de 1½ a 2 horas, hasta que estén tiernos.

Mientras tanto, ponga todos los ingredientes de la salsa en un cazo y déjelos a fuego medio 5 minutos, removiendo con frecuencia, para que los sabores se entremezclen. Resérvela.

Cuando los pallares estén tiernos, añada la patata y la calabaza, así como el agua hirviendo suficiente para cubrir bien los ingredientes. Deje que hierva de nuevo, baje la temperatura, tape la cacerola y déjelo a fuego suave 20 o 30 minutos, hasta que las verduras estén tiernas. Sale al gusto.

Agregue el maíz y caliente hasta que burbujee. Incorpore la salsa y siga cociendo el cocido 10 minutos más, para que los sabores maduren y el líquido de cocción se reduzca. El plato tiene que quedar caldoso pero no líquido como una sopa. Esparza las hojas de albahaca y el queso desmenuzado y sírvalo enseguida.

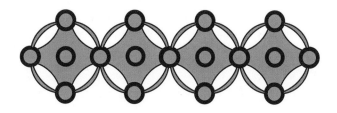

Ximxim de galinha

Este plato único brasileño lleva *vatapá*, una salsa espesada con pan, generalmente hecha con las gambas semisecas de Bahía y que se usa como una mayonesa, para espesar el jugo de cocción.

Para 4-6 personas

1 pollo de unos 2 kg, troceado en 12 partes

450 g de tomates frescos, pelados y cortados en dados, o de lata triturados

1 cebolla cortada en rodajitas

2-3 ramitas de menta fresca

450 g de gambas peladas

300 ml de leche de coco

sal marina

Salsa vatapá:

100 g de gambas secas o 175 g de gambas pequeñas, cocidas y peladas

125 g de anacardos y/o cacahuetes tostados

1 cebolla picada

1 cucharada colmada de jengibre fresco rallado

4 cucharadas de aceite de dendé o de oliva, y una pizca de azafrán o cúrcuma molida

Para servir:

trozos de lima

salsa piri-piri o tabasco

arroz blanco

Limpie los trozos de pollo y póngalos en una cacerola grande con el tomate, la cebolla y las ramitas de menta, y cúbralos con agua. Llévelo a ebullición, reduzca la temperatura, tape parcialmente la cacerola y déjelo a fuego lento de 20 a 30 minutos, hasta que el pollo empiece a estar tierno. Deseche la menta. Retire los trozos de pollo y cuando se hayan enfriado lo suficiente, quíteles la piel. Resérvelos.

Recaliente la mezcla de tomate hasta que burbujee y déjela de 6 a 8 minutos, hasta que haya quedado reducida a una salsa espesa. Eche las gambas y déjelas 1 o 2 minutos, hasta que estén rosadas y se curven. Retire la cacerola del fuego.

Mientras tanto, prepare la salsa. Ponga las gambas secas y los frutos secos en el robot de cocina y tritúrelos unos segundos. Añada la cebolla y el jengibre y redúzcalo todo a una pasta espesa.

Caliente el aceite y el azafrán en una sartén grande, eche la pasta y remueva 2 o 3 minutos, hasta que la cebolla empiece a estar tierna y el vapor que se desprende sea aromático. Incorpore los trozos de pollo, dándoles la vuelta para que queden bien recubiertos con la pasta. Vierta el agua suficiente para que llegue a la mitad de la altura del pollo y llévelo a ebullición. Baje el fuego y sale el guiso. Tape la cacerola y deje cocer el pollo a fuego suave 10 minutos, hasta que esté tierno y los sabores se hayan entremezclado bien.

Mezcle la preparación de tomate y gambas con la de pollo y la leche de coco, y caliéntelo con suavidad. Rectifique la sazón. Sirva el plato con trozos de lima, piri-piri y arroz blanco.

Corvina a la chorrillana

Para 4-6 personas

1 corvina grande, de unos 2 kg, limpia y escamada

500 g de batatas peladas y cortadas en dados

500 g de calabaza pelada y troceada

500 g de mazorcas de maíz, cortadas en rodajas gruesas

500 g de chalotes o cebollas pequeñas, cortados en cuartos

1 copa de vino blanco seco

3-4 cucharadas de aceite de oliva

2-3 chiles frescos o secos, despepitados y picados

sal marina

Ésta es la manera peruana de cocinar el mejor pescado fresco. Servirá cualquier pescado de carne consistente que pueda ir al horno, como el besugo, la dorada o la lubina.

Precaliente el horno a 180 °C.

Limpie el pescado y sálelo ligeramente por dentro y por fuera. Resérvelo a temperatura ambiente.

Disponga las verduras en una fuente refractaria y vierta el vino. Rocíelas con el aceite y espolvoréelas con chile al gusto. Cúbralas con papel de aluminio, con el lado brillante hacia abajo. Áselas en el horno 20 minutos o hasta que estén casi tiernas: compruébelo con la punta de un cuchillo.

Retire el papel de aluminio y coloque el pescado sobre el lecho de verduras. Rocíelo con una cucharada del jugo de cocción, cúbralo con el papel de aluminio y hornéelo 10 minutos o hasta que esté bien cocido. Estará a punto cuando esté firme al tacto. Retírelo y déjelo reposar 10 minutos antes de servirlo.

Carne en jocón con arroz guatemalteco

Para 4-6 personas

1,5 kg de carne de buey para asar, sin hueso y atada en un solo trozo

4 cucharadas de aceite de oliva

4 dientes de ajo, pelados y enteros

2 cebollas grandes picadas

500 g de zanahorias, raspadas y troceadas

2 chiles verdes frescos o secos, despepitados y picados

1 cucharadita de orégano seco

500 g de tomates rojos frescos, pelados, despepitados y triturados, o de lata triturados

500 g de tomatillos frescos, descascarados y picados, o de lata

1 cucharada de hojas de cilantro, para decorar

sal y pimienta

Arroz guatemalteco:

4 cucharadas de aceite de oliva

500 g de arroz de grano largo

2 dientes de ajo troceados

1 cucharada de apio cortado en dados

1 cucharada de pimiento verde cortado en dados

2 cucharadas de tomate cortado en dados

1 puñado de guisantes, frescos o congelados

Este sustancioso asado de Guatemala se prepara con tomatillos, parecidos a los tomates verdes aunque en realidad forman parte de la familia de las *Physalis*. Si no los encuentra, utilice tomate normal y añada la ralladura y el zumo de un limón.

Prepare la carne y salpiméntela.

Caliente el aceite en una cazuela refractaria, donde la carne quepa holgadamente, eche los ajos, la cebolla y la zanahoria, y rehóguelos a fuego medio, removiendo con frecuencia, hasta que cojan un poco de color. Retírelos con una espumadera, escurra el aceite en la cazuela y resérvelos. Eche la carne y deje que se dore, dándole la vuelta con frecuencia. Añada el chile y el orégano y remueva 1 minuto más.

Agregue el tomate y el tomatillo, así como el agua suficiente para cubrir unos $2/3$ de la carne. Salpimiente al gusto y llévelo a ebullición. Baje el fuego, cubra la cazuela herméticamente con un trozo de papel de aluminio además de la tapa, y déjelo a fuego lento entre $1\frac{1}{2}$ y 2 horas, o hasta que la carne esté bien tierna. Como alternativa, puede dejar la cazuela en el horno precalentado a 150 °C. No tendría que necesitar más líquido, pero si fuera necesario, añada lo mínimo y asegúrese de que esté hirviendo.

Mientras tanto, prepare el arroz. Caliente el aceite en una sartén grande, eche el arroz, el ajo, el apio y el pimiento y remueva a fuego medio 3 o 4 minutos, hasta que los granos de arroz estén transparentes. Añada el tomate y el agua suficiente para cubrirlo (1 dedo de altura por encima). Llévelo a ebullición, salpimiente al gusto, baje el fuego y déjelo cocer 15 o 20 minutos, hasta que el arroz esté cocido. Incorpore los guisantes y déjelo todo en el fuego 2 o 3 minutos más.

Cuando la carne esté bien tierna y el jugo se haya reducido a una salsa espesa, pase la carne a una fuente caliente y déjela reposar 10 minutos. Córtela en lonchas gruesas y sírvala con la salsa, decorada con el cilantro. Acompáñela con el arroz.

Seco de carnero

Para 4-6 personas

1 paletilla de cordero deshuesada y enrollada, de 1,5 a 2 kg

12-18 dientes de ajo sin pelar

la ralladura fina y el zumo de 2 naranjas amargas o 1 limón y 1 naranja dulce

½ cucharadita de granos de pimienta inglesa machacados

1 trocito de rama de canela, ligeramente machacada

170 ml de vino blanco seco

1 puñado grande de hojas de cilantro

2 chiles verdes, despepitados y picados

sal y pimienta

Para acompañar:

mazorcas de maíz cortadas en rodajas gruesas, cocidas

calabaza pelada, troceada y cocida

Se trata de un método peruano para cocer la paletilla de cordero o de cabrito, a fuego lento y de forma prolongada, para que la carne quede tierna y el ajo se vaya deshaciendo hasta formar una salsa deliciosa.

Limpie la carne y salpimiéntela al gusto. Póngala en una cazuela en la que encaje bien y reparta los ajos a su alrededor. Esparza por encima la ralladura de naranja, la pimienta inglesa y la canela y rocíela con el zumo de naranja. Vierta el vino y el agua suficiente para que llegue a la mitad de la altura de la carne. Llévelo a ebullición, baje el fuego, cubra herméticamente la cazuela con un trozo de papel de aluminio además de la tapa, y déjelo a fuego muy suave entre 1½ y 2 horas, hasta que la carne esté bien tierna. También puede prepararla dejando la cazuela en el horno precalentado a 150 °C. Compruebe la cocción de la carne de vez en cuando, añadiendo un poco de agua hirviendo si viera que el jugo se consume.

Pase la carne a una fuente de servir caliente. Presione los dientes de ajo para sacarlos de su piel y páselos al robot de cocina con el cilantro, el chile y el jugo de cocción, y haga una salsa. A continuación, échela en la cazuela y caliéntela a fuego suave, diluyéndola con agua hirviendo si fuera necesario.

Corte la carne en lonchas gruesas y sírvala con la salsa, y el maíz y la calabaza para acompañar.

Platos vegetarianos y ensaladas

En las tradiciones precolombinas, así como en la cocina hispánica, las verduras no se consideran una guarnición, sino platos con derecho propio. Como las verduras se sirven como plato aparte, o principal si se trata de una comida ligera, se presta mucha atención al equilibrio nutricional.

Donde no hay carne ni pescado, la proteína se suele introducir en la dieta con frutos secos o lácteos, junto con alimentos con hidratos de carbono para acompañar. Dependiendo del país, podría tratarse de tortillas de maíz, arepas (también tortillas de maíz pero más gruesas), patacones (rodajas de plátano fritas) o trozos de mazorcas de maíz cocidas. En las zonas rurales y en las áreas donde el trigo es un lujo, los tubérculos sustituyen al pan.

Guacamole con patacones

Para 4-6 personas

2-3 aguacates maduros
(dependiendo del tamaño)

2 chiles verdes, preferiblemente
serranos, despepitados y picados

1 cebolla pequeña, picada gruesa

1 cucharada de cilantro picado

1 cucharadita de sal

1 tomate grande pelado,
despepitado y cortado en dados

zumo de lima, para aliñar (opcional)

Patacones:

2 plátanos macho

aceite vegetal, para freír

sal

En México y América Central, lugar de origen del aguacate, el guacamole nunca es un puré fino, sino grumoso y con todos sus ingredientes visibles. En este caso se acompaña de chips de plátano macho o verde, llamados *patacones* o *tostones*, un tentempié popular en los países donde se cultivan plátanos.

Para hacer los patacones, corte los plátanos en rodajas del grosor de su pulgar, póngalas en agua salada y déjelas en remojo 30 minutos o hasta que al empujar con el dedo la pulpa salga de la piel. Escúrralas y séquelas con papel de cocina.

Mientras tanto, parta los aguacates por la mitad, extraiga el hueso, reservando uno, y con una cuchara pase la pulpa a un cuenco. Cháfela ligeramente con un tenedor.

Ponga los chiles, la cebolla, el cilantro y la sal en la batidora o robot de cocina y haga un puré.

Incorpore el puré a los aguacates del cuenco y después añada el tomate. Ponga el hueso de aguacate reservado en el centro de la mezcla para retrasar el inevitable ennegrecimiento: ¡suena raro pero parece que funciona! Si prepara el guacamole con bastante antelación, alíñelo con zumo de lima como precaución extra contra el oscurecimiento; esto cambiará el equilibrio de sabores, pero a muchas personas les gusta el toque ácido.

Caliente abundante aceite en una sartén grande, a fuego medio-alto. Vaya friendo las rodajas de plátano por tandas, 4 o 5 minutos o hasta que estén ligeramente doradas. Retírelas y déjelas secar sobre papel de cocina en una sola capa. Con la parte inferior de un vaso pequeño o el rodillo de cocina, aplane las rodajas hasta que queden reducidas a la mitad de su grosor.

Recaliente el aceite a 180 o 190 °C o hasta que un dado de pan se dore en 30 segundos. Vaya añadiendo las rodajas aplanadas por tandas y fríalas 2 o 3 minutos o hasta que estén doradas y crujientes por fuera pero tiernas por dentro. Retírelas y déjelas secar sobre papel de cocina.

Sirva el guacamole con los patacones calientes.

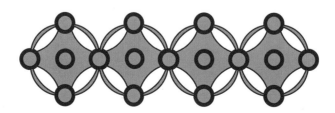

Chancletas gratinadas

Para 4-6 personas

1 pizca de mantequilla

8-12 calabacines redondos
o zapallitos

170 ml de crema de leche

250 g de queso feta desmenuzado

2 cucharadas de pasas, dejadas
en remojo en un poco de agua
hirviendo para rehidratarlas

1 cucharadita de extracto de
vainilla o ½ cucharadita de semillas
raspadas de una vaina de vainilla

1 cucharada de azúcar de caña
sin refinar

2-3 cucharadas de pan rallado

2-3 cucharadas de queso cheddar
o gruyer rallado

En Puerto Rico preparan este plato con chayote, fruto de una planta trepadora de la familia de las Cucurbitáceas que al partirla en dos sus mitades nos recuerdan a las chancletas, de aquí el nombre del plato.

Precaliente el horno a 190 °C. Engrase una fuente refractaria con mantequilla.

Lave los calabacines y póngalos en una olla con agua hirviendo ligeramente salada. Deje que vuelva a hervir, baje el fuego y cuézalos 10 minutos. A continuación, escúrralos y déjelos enfriar un poco. Pártalos por la mitad, raspe y descarte la fibra y las pepitas. Extraiga y reserve un dedo de pulpa, dejando el resto en la piel como base.

Coloque los calabacines vaciados en la fuente engrasada. Ponga la pulpa de calabacín extraída en la batidora o robot de cocina, con la crema de leche, y haga un puré. Añada el queso feta, las pasas, la vainilla y el azúcar. Reparta la mezcla entre los calabacines. Mezcle el pan rallado con el queso rallado y espolvoréelo sobre el relleno.

Hornee los calabacines de 20 a 25 minutos, o hasta que el queso se haya fundido y la cobertura esté dorada y crujiente. Sírvalos enseguida.

Rajas poblanas

Éste es un plato de cada día que todo el mundo sabe preparar sin necesidad de receta. La deliciosa combinación del sabor picante y alimonado de los chiles con el dulzor de la nata líquida, ofrece el perfecto equilibrio de textura y sabor.

Para 4-6 personas

750 g de chiles verdes de sabor suave, preferiblemente anaheim

250 ml de nata líquida

250 ml de nata espesa

250 g de queso feta desmenuzado

sal y pimienta

tortillas de maíz, para acompañar

Limpie los chiles, pero sin retirar el rabillo ni las pepitas. Sosténgalos con unas pinzas sobre la llama del fogón, o áselos bajo el grill precalentado o en el horno, a temperatura máxima, hasta que la piel esté chamuscada en parte. Métalos en una bolsa de plástico o papel y déjelos reposar 10 minutos, para que la piel se desprenda. A continuación, pélelos. Corte la pulpa en tiras (rajas) y dispóngalas en una fuente refractaria.

Mientras tanto, caliente la nata en un cazo y retírela en cuanto llegue al punto de ebullición. Viértala sobre las tiras de chile y esparza el queso por encima. Salpimiente sólo un poco, porque el queso ya es salado y puede que alguno de los chiles sea muy picante.

Precaliente el grill a temperatura alta y gratine los chiles de 8 a 10 minutos o hasta que estén dorados y burbujeantes. Entre tanto, envuelva las tortillas en papel de aluminio y caliéntelas en el horno a temperatura suave 5 minutos. Sirva el gratinado bien caliente, con las tortillas calentadas para acompañar.

Batata con mojo

Para 4-6 personas

1 kg de batatas (boniatos)
2 cucharadas de cilantro picado,
para espolvorear

Mojo:
2 cucharadas de aceite de oliva
4 dientes de ajo machacados
el zumo de 3 o 4 naranjas (unos
170 ml)
el zumo y la ralladura de 1 limón
1/2 cucharadita de sal

Este sencillo plato campesino es popular en Cuba. Puede darle un toque distinto usando plátano verde, mandioca, calabaza, patata o cualquier hortaliza de cocción sencilla.

Precaliente el horno a 180 °C.

Lave las batatas y séquelas con papel de cocina. Áselas en el horno precalentado durante 40 minutos, comprobando la cocción con la punta de un cuchillo, porque según la variedad y el tamaño puede que tarden otros 20 minutos en asarse.

Mientras tanto, prepare el mojo. Caliente el aceite y el ajo en un cazo, eche los zumos de naranja y limón, la ralladura y la sal. Déjelo que burbujee 3 o 4 minutos, o hasta que todo esté bien mezclado.

Cuando las batatas estén bien tiernas, sáquelas del horno. Una vez se hayan enfriado lo suficiente para poder manipularlas, retire la piel y trocee la pulpa en daditos.

Mezcle los trozos de batata con el mojo. Sirva el plato a temperatura ambiente, decorado con cilantro picado.

Pipián

Para 4-6 personas

1 kg de patatas nuevas pequeñas, de carne amarilla, lavadas

2-3 huevos duros pelados

2 cucharadas de mantequilla

1 cebolla picada

50 g de tomates pelados, despepitados y cortados en dados, o 3 cucharadas de tomate de lata triturado

170 ml de nata espesa

150 g de queso tipo cheddar rallado

sal

Para servir:

2 cucharadas de cacahuetes tostados sin sal, picados gruesos

1 cucharadita de copos de chile

En esta receta utilizamos una cremosa salsa de queso y tomate, que extendemos sobre las patatas y los huevos, y la completamos con cacahuetes picados. En Perú, lugar de origen del plato, lo preparan con papas criollas, unas patatas pequeñas de carne amarilla que pueden comerse enteras de un bocado.

Cueza las patatas con su piel en una olla con agua salada, de 15 a 20 minutos o hasta que estén tiernas. Escúrralas bien y páselas a una fuente de servir caliente. Corte los huevos duros en cuartos y póngalos entre las patatas.

Mientras tanto, caliente la mantequilla en una sartén grande. En cuanto espumee, eche la cebolla y sofríala a fuego lento, removiendo con frecuencia, 10 minutos o hasta que esté tierna y dorada. Incorpore el tomate y caliéntelo hasta que burbujee, chafándolo para que se vaya deshaciendo. Déjelo 5 minutos más, agregue la nata, deje que burbujee de nuevo y a continuación incorpore el queso. Siga cociéndolo hasta que el queso se funda y la salsa esté suave y rosada. Pruébela y rectifique el punto de sal si fuera necesario.

Eche la salsa sobre las patatas y los huevos, esparza por encima los cacahuetes y los copos de chile y sirva el plato enseguida.

Ensalada de palmito, pollo y gambas

Para 4-6 personas

450 g de palmitos en conserva
o corazones de alcachofa

150 g de gambas cocidas y peladas

150 g de pechuga de pollo cocida,
cortada en tiras

1 lechuga romana pequeña,
cortada fina

1 cucharada de coco rallado,
fresco o tostado

Aliño:

6 cucharadas de aceite de oliva

2 cucharadas de zumo de lima
o limón

unas gotas de salsa piri-piri
o tabasco

1 cucharadita de sal

Esta sencilla ensalada es muy popular en Brasil, donde el palmito se cultiva extensivamente. Si no encuentra palmitos frescos ni en conserva, sustitúyalos por colinabo o col blanca en juliana: la textura es tan importante como el sabor.

Bata los ingredientes del aliño en un cuenco que no sea metálico.

Si los palmitos son frescos, recorte la parte fibrosa externa que pueda quedar y utilice la cara de corte de un rallador multifunción para cortarlos en tiras largas y finas. Si son de lata, escúrralos y córtelos de la misma forma.

Mezcle los palmitos con el aliño en el cuenco y déjelos macerar a temperatura ambiente entre 1 y 2 horas.

Eche las gambas y el pollo en el cuenco y remueva para mezclarlos. Apile la mezcla sobre un lecho de lechuga y esparza el coco rallado por encima.

Picada de quinua

Para 4-6 personas

450 g de quinua

2 cucharadas de aceite de oliva

2-3 dientes de ajo picados

2 chiles rojos o amarillos
(preferiblemente autóctonos
de la zona andina), despepitados
y picados

1 tomate grande pelado,
despepitado y cortado en dados

2 cucharadas de granos de maíz
frescos o congelados

1 cucharada de hojas de menta
fresca

sal (opcional)

hojas de lechuga romana,
para servir

La quinua es un cereal muy nutritivo originario del altiplano amazónico.
Esta pequeña semilla tiene una cobertura semitransparente que se abre al cocerla.
Las hojas de la planta también son comestibles, y pueden sustituir a las espinacas.

Ponga la quinua en un escurridor y pásela bajo el chorro de agua fría hasta que ésta salga clara.

Pase la quinua a una olla y cúbrala con el doble de su volumen de agua. Llévelo a ebullición, reduzca la temperatura y cuézala a fuego lento 20 minutos o hasta que los granos se hayan abierto (tendrán un aspecto translúcido, con pequeños bucles blancos) y hayan absorbido toda el agua.

Mientras tanto, caliente el aceite en una sartén grande y sofría el ajo y el chile a fuego medio, removiendo, de 2 a 3 minutos o hasta que el ajo esté tierno. Agregue el tomate y el maíz, caliéntelos hasta que burbujeen y déjelo 1 minuto más.

Eche la quinua cocida a la sartén y caliéntela a fuego suave para que los sabores se entremezclen. Pruébela y rectifíquela de sal si fuera preciso. Pique las hojas de menta y añádalas también.

Sirva la picada de quinua sobre hojas de lechuga, que podrá utilizar como cuchara. Tradicionalmente el plato se come directamente del recipiente circular donde se cocina, y los comensales se van sirviendo de la parte que tienen delante.

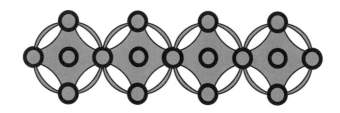

Hogao de auyama

Para 4-6 personas

2 kg de calabaza

4 cucharadas de aceite de oliva

1 cebolla grande cortada
en rodajitas

1-2 chiles rojos picantes,
despepitados y picados

1 kg de tomates frescos maduros,
pelados y cortados en dados, o de
lata triturados

1 cucharada de sultanas

2 cucharadas de vinagre de vino
tinto

la ralladura fina y el zumo de
1 naranja amarga o limón

sal

chips de plátano, para acompañar

El *hogao*, una salsa de cebolla y tomate hecha a fuego lento, es el condimento básico de la cocina criolla colombiana. En esta receta añadimos trozos de calabaza a la espesa y jugosa salsa, que debe su punto ácido al vinagre y el dulce a las sultanas.

Con un cuchillo bien afilado, pele la calabaza, retire las pepitas y córtela en dados.

Caliente el aceite en una cacerola grande y sofría la cebolla a fuego muy suave, removiendo de vez en cuando, un mínimo de 15 minutos o hasta que esté tierna y dorada pero no demasiado. Incorpore el chile y el tomate y caliéntelos hasta que burbujeen. Baje el fuego y déjelo cocer despacio de 20 a 30 minutos, o hasta que los ingredientes se hayan reducido a una salsa espesa.

Eche la calabaza, las pasas, el vinagre y la ralladura y el zumo de naranja. Deje que burbujee de nuevo, baje el fuego y déjelo cocer, con la cacerola medio tapada, unos 20 minutos o hasta que los sabores se hayan entremezclado y la calabaza esté bien tierna. Sirva el plato a temperatura ambiente con chips de plátano para acompañar.

Maíz tierno asado con dos salsas

Para 4-6 personas

8-12 mazorcas de maíz con
sus farfollas

Chimichurri:

1 cebolla roja pequeña, cortada
en daditos

4 dientes de ajo picados

4 cucharadas de perejil picado

1 cucharadita de hojas de tomillo
fresco

la ralladura fina y el zumo
de 2 limones

250 ml de aceite de oliva

Piri-piri:

100 g de chiles rojos picantes,
preferiblemente malagueta

100 g de pimientos rojos

85 ml de vinagre de vino blanco

1 cucharadita de sal

Las mazorcas de maíz con su farfolla, su envoltorio natural, saben mejor cuando se cuecen en su propio vapor. Resultan ideales servidas con un par de salsas: un suave chimichurri y un picante piri-piri.

Primero prepare las salsas. Ponga todos los ingredientes del chimichurri en un bote con tapón de rosca. Ciérrelo, agítelo bien y déjelo reposar a temperatura ambiente 1 o 2 horas, o bien toda la noche en el frigorífico.

Para hacer el piri-piri, deseche los rabillos de los chiles (lávese las manos después de manipularlos y no se toque los ojos). Despepite los pimientos y píquelos gruesos. En un cazo, caliente el vinagre con la misma cantidad de agua y la sal, a fuego medio, removiendo hasta que la sal se haya disuelto. Vierta el vinagre caliente en la batidora o robot de cocina, añada el chile y el pimiento y haga un puré. La salsa estará lista para servir en cuanto se haya enfriado.

Retire las barbas de la mazorca, dejando las farfollas intactas. Encienda la barbacoa, precaliente el grill a temperatura media-alta o precaliente el horno a 200 °C.

Ase las mazorcas en la barbacoa, bajo el grill o en el horno, dándoles la vuelta con frecuencia, entre 8 y 12 minutos. Si las asa en la barbacoa o en el grill, rocíe un poco de agua sobre las farfollas con los dedos si empezaran a ennegrecerse.

Sirva las mazorcas en sus farfollas y las salsas aparte. Anime a sus invitados para que las corten en rodajas gruesas y las mojen en las salsas.

Boronia de plátano

Para 4-6 personas

500 g de plátanos macho maduros o plátanos verdes, cortados en rodajas

500 g de berenjenas cortadas en dados

4-5 cucharadas de aceite de oliva

2 chalotes o cebollas rojas, cortados en rodajitas

2 zanahorias grandes, raspadas y cortadas en dados

1-2 ramas de apio picadas

2 dientes de ajo picados

2-3 chiles secos, despepitados y desmenuzados

1 cucharadita de semillas de comino

sal y pimienta

Para servir:

1 cucharada de hojas de albahaca fresca, desmenuzadas

150 g de queso feta desmenuzado (opcional)

Preparado de una manera similar a una *ratatouille* provenzal, este plato consiste en una combinación de hortalizas que se complementan de maravilla, sazonadas con chile y comino. Las hortalizas deberían ser de forma y tamaño similar.

Deje las rodajas de plátano en remojo en agua salada para aflojar la piel. Empuje la pulpa para que salga de la piel. Cuézalas en una olla con agua hirviendo ligeramente salada de 20 a 25 minutos, o hasta que estén tiernas pero no muy blandas. Escúrralas y resérvelas.

Mientras tanto, ponga la berenjena en un escurridor, sálela y deje que sude.

Caliente el aceite en una cazuela de barro de base gruesa y sofría el chalote a fuego muy lento, removiendo ocasionalmente, como mínimo 20 minutos o hasta que esté tierno y dorado. Retírelo con una espumadera, dejando caer el aceite en la cazuela, y resérvelo. Eche la zanahoria y el apio y déjelos a fuego medio, removiendo de vez en cuando, unos 10 minutos o hasta que estén tiernos. Retírelos con una espumadera y resérvelos.

Pase la berenjena bajo el chorro de agua fría y después séquela con papel de cocina. Vuelva a calentar la cazuela a fuego medio, eche el ajo, la berenjena, el chile y el comino y remueva con frecuencia durante 15 minutos o hasta que la berenjena esté ligeramente tierna (puede que tenga que añadir un poco más de aceite). Incorpore las rodajas de plátano, el chalote, la zanahoria y el apio, y mézclelo todo bien.

Déjelo unos 5 minutos más a fuego lento, removiendo, para que los sabores se entremezclen. Salpimiente.

Sirva la boronia caliente o fría, pero nunca recién sacada del frigorífico, espolvoreada con las hojas de alhabaca y el queso feta, si lo utiliza.

Postres

Los platos dulces son algo relativamente nuevo en la gastronomía latinoamericana, ya que el azúcar no se conoció en América hasta que se cultivaron las primeras plantaciones de caña de azúcar en el Caribe durante el período colonial. El condimento para la fruta era (y sigue siendo) el chile picante, un producto que se viene usando desde hace como mínimo 5.000 años. La única fuente de sabor dulce era el panal de miel.

Entre los productos de la zona estaban el chocolate, una infusión preparada con las semillas secadas al sol y fermentadas de un árbol selvático, y la vainilla. Estos sabores pronto se unieron a las pastas y las natillas de las monjas españolas y portuguesas que llegaron al continente.

Flan de piña

Para 4-6 personas

Caramelo:

3 cucharadas de azúcar fino

3 cucharaditas de agua

el zumo de $1/2$ limón

Flan:

300 ml de zumo de piña

250 g de azúcar

6 yemas de huevo grandes (añada 2 más si los huevos son pequeños)

Para servir (opcional):

4-6 cucharadas de papaya o mango maduro cortado en dados

1 cucharada de hojas de menta fresca

En este popular postre de huevo y leche, que hace las delicias tanto de los niños latinoamericanos como españoles, sustituimos la leche por el zumo de una piña natural, nativa de las tierras bajas amazónicas.

Precaliente el horno a a 180 °C.

En primer lugar prepare el caramelo. Con una cuchara de madera, remueva el azúcar con el agua y el zumo de limón en un cazo de base gruesa, llévelo a ebullición a fuego vivo y déjelo unos segundos, hasta que el agua se evapore y el azúcar se caramelice. Retírelo del fuego, déjelo enfriar un poco y después reparta el caramelo entre 4 o 6 moldes o flaneras individuales, procurando que cubra bien las bases. Déjelo enfriar.

Para hacer el flan, ponga el zumo de piña y el azúcar en una cacerola de base gruesa y caliéntelo a fuego lento, removiendo con una cuchara de madera, hasta que el azúcar se haya disuelto. Suba la temperatura y déjelo hervir 15 minutos o hasta que se haya reducido un tercio. Estará a punto cuando el almíbar deje caer un hilo transparente al levantarlo con la cuchara.

Mientras tanto, ponga las yemas de huevo en la batidora o robot de cocina y bátalas; también puede hacerlo con las varillas manuales. Incorpore el almíbar caliente en un chorrito continuo, con el motor en marcha, o batiendo con fuerza si lo hace manualmente. Vierta la mezcla en las flaneras preparadas. Páselas a una fuente refractaria honda y vierta el agua suficiente para que llegue a la mitad de la altura de los moldes. Cúbralos con papel de aluminio, con el lado brillante hacia abajo.

Cueza los flanes en el horno al baño María de 30 a 40 minutos, dependiendo del tamaño del molde, o hasta que se hayan cuajado.

Deje enfriar los flanes antes de desmoldarlos: pase un cuchillo por los bordes de la flanera, ponga un plato encima, inviértalo y el flan se desprenderá y quedará sobre el plato. Sirva los flanes con papaya o mango y menta, si lo desea; sus suaves sabores complementan el punto ácido de la piña.

Granita de caipiriña de maracuyá

12 maracuyás maduros

275 g de azúcar de caña sin refinar

unos 4 vasos de agua

cachaza o ron blanco

cerezas marrasquino, para servir
(opcional)

La caipiriña, el famoso cóctel brasileño, es una potente mezcla de cachaza —ron de caña de azúcar— y zumo de lima vertidos sobre hielo picado. En esta receta, tal como la sirven en cualquier fiesta en Río, se prepara con zumo fresco de maracuyá.

Para preparar el zumo de maracuyá, haga un pequeño orificio en la piel correosa de cada fruto y estruje las semillas y la gelatina que las rodea en un colador colocado sobre un cuenco, dejando caer el zumo. Presione bien la pulpa con una cuchara de madera para extraer todo el jugo: necesitará unos 250 ml, no más, porque tiene un sabor muy fuerte.

Ponga el azúcar con la mitad del agua en un cazo de base gruesa, llévelo poco a poco a ebullición, removiendo hasta que el azúcar se haya disuelto. Deje que se enfríe y a continuación añada el zumo de maracuyá y dilúyalo con el resto del agua, a su gusto.

Vierta la mezcla en una fuente bien limpia y congélela 30 minutos. Raspe las partes exteriores congeladas hacia el centro todavía líquido y vuelva a introducir la fuente en el congelador. Repita la operación cada 30 minutos, o hasta que la mezcla adquiera consistencia de granizado.

Pase el granizado a vasos altos bien fríos, añada una medida de cachaza y sírvalo con una pajita. Para decorar, puede añadir una cereza marrasquino y una sombrilla.

Puede guardar el granizado hasta 3 meses en un recipiente de plástico apto para el congelador. Sáquelo del congelador 20 minutos antes de servirlo y ráspelo de nuevo en cuanto se ablande.

Pan de batata

Para 6-8 personas

250 g batatas hervidas y trituradas, preferiblemente boniatillo

250 g de plátanos bien maduros, pelados y troceados

2 huevos batidos

200 g de harina leudante

1 cucharadita de levadura en polvo

1 cucharadita de pimienta inglesa molida

9 cucharadas de mantequilla ablandada, y un poco más para engrasar

150 g de azúcar moreno

150 g de pacanas o nueces, troceadas

Ésta es una versión cubana del plumcake caribeño favorito; no sólo todas las islas, sino todos los hogares tienen su propia receta, de la que se sienten orgullosos. Su sabor principal es el de la pimienta inglesa o de Jamaica, las bayas de un pequeño árbol originario del Caribe.

Precaliente el horno a 180 °C. Engrase y forre un molde para plumcake de 23 x 15 cm con papel parafinado, ya que la masa es bastante pegajosa.

Ponga la batata, el plátano y el huevo en la batidora o robot de cocina y tritúrelo. Resérvelo.

Tamice la harina con la levadura en polvo y la pimienta inglesa, y resérvelas.

Con una cuchara de madera, bata la mantequilla con el azúcar en un bol caliente hasta que esté cremosa. También puede hacerlo con el robot de cocina. Cambie a una cuchara metálica e incorpore con cuidado la mezcla de batata y plátano a la de mantequilla y azúcar. Añada la mezcla de harina y remueva hasta obtener una pasta que se deslice fácilmente de la cuchara: quizás tenga que añadir un poco de agua caliente. Incorpore los frutos secos.

Eche la mezcla en el molde preparado, extendiéndola bien hacia los lados. Hornee la masa durante 1 hora o hasta que haya subido y esté esponjosa por la parte central, y se encoja por los lados. Puede que necesite unos minutos más de cocción, en cuyo caso deberá bajar la temperatura del horno a 160 °C y esperar de 10 a 15 minutos.

Desmolde el pan sobre una rejilla metálica y déjelo enfriar. Sírvalo a temperatura ambiente, cortado en rebanadas. Este pan se conserva hasta 3 o 4 días debidamente guardado en un recipiente hermético.

Dulce de frutas tropicales

Para 4-6 personas

1 papaya madura pelada,
despepitada y cortada en dados

1 mango maduro, deshuesado
y cortado en dados

1 piña pequeña y madura, pelada,
sin el corazón y cortada en dados

100 g de azúcar de caña sin refinar

250 ml de agua

2-3 chiles rojos frescos o secos

2-3 ramitas de albahaca fresca
(opcional), para decorar

El chile combina tradicionalmente con la fruta, realzando su dulzor natural y estimulando las papilas gustativas. La fruta fresca pelada y troceada se puede encontrar en cualquier puesto ambulante de las calles de México; le preguntarán si la desea espolvoreada con chile o azúcar.

Mezcle la fruta preparada en un cuenco y espolvoréela con la mitad del azúcar.

Ponga el resto del azúcar con el agua en un cazo y llévelo lentamente a ebullición, removiendo hasta que el azúcar se haya disuelto. Añada el chile, deje que vuelva a hervir y espere 5 minutos o hasta que se haya reducido un tercio. Retírelo del fuego y déjelo reposar unos 30 minutos.

Retire el chile y vierta el almíbar sobre la fruta, procurando que quede bien recubierta. Sirva el postre decorado con albahaca, si lo desea, y unas tiras finas del chile utilizado para el almíbar.

Sorbete de chirimoya
con dulce de café

1 kg de chirimoyas maduras

el zumo de 1 limón

150 g de azúcar fino

300 ml de agua

Dulce de café:

450 ml de leche condensada

375 ml de leche evaporada sin endulzar

1 cucharada colmada de café soluble

Para servir (opcional):

6-8 almendrados pequeños, troceados

unos 50 g de granos de café bañados en chocolate

La chirimoya tiene un sabor que está entre el del plátano y la pera. Con su pulpa de color claro se hace una crema que puede congelarse sin problema. En esta receta la servimos con dulche de leche al que le añadimos café.

Corte las chirimoyas en cuartos, pélelas y deseche las semillas negras y duras que están repartidas por toda la pulpa. Rocíe la pulpa con zumo de limón.

Ponga el azúcar y el agua en un cazo de base gruesa y llévelo lentamente a ebullición, removiendo hasta que el azúcar se haya disuelto; déjelo hervir 5 minutos más. Déjelo enfriar.

Ponga las chirimoyas en la batidora o robot de cocina junto con el almíbar, y tritúrelo. Páselo a una fuente apta para helados y déjelo en el congelador 2 horas o hasta que se haya solidificado. Saque la crema de la fuente y vuelva a batirla en la batidora o robot de cocina. Pásela de nuevo a la fuente y déjela en el congelador 1 o 2 horas, hasta que esté totalmente congelada.

Mientras tanto, prepare el dulce de café. Mezcle ambas leches en un cazo de base gruesa y remueva a fuego medio, de 20 a 30 minutos, hasta que esté espeso y ligeramente caramelizado. Agregue el café, procurando que los gránulos se disuelvan, retire el cazo del fuego y resérvelo. Antes de servirlo, caliéntelo sin que llegue a hervir.

Cuando vaya a servir el sorbete, reparta los almendrados troceados, si los utiliza, entre 6 u 8 copas de postre y ponga el sorbete encima. Rocíelo con la salsa caliente y decórelo con los granos de café, si los utiliza.

Mazamorra

Para 4-6 personas

100 g de pasas

100 g de ciruelas pasa

100 g de orejones de albaricoque
o higos secos

la cáscara de 1 naranja

350 g de azúcar moreno

1 cucharadita de granos de pimienta
inglesa, ligeramente machacados

1 cucharadita de jengibre picado

1 trocito de canela de unos 5-6 cm,
troceado

1 litro de agua, más 2 cucharadas

1 piña pequeña pelada, sin el
corazón y cortada en dados

1 cucharada rasa de harina de maíz

Para servir:

los granos de 1 granada

2 cucharadas de anacardos
o pacanas tostadas

Esta macedonia invernal se prepara con fruta seca y piña, se condimenta con jengibre, canela y pimienta inglesa y se espesa con un poquito de maicena; queda deliciosa servida caliente con nata líquida. La mazamorra es muy popular en Perú.

Ponga la fruta seca en una cacerola con la cáscara de naranja, el azúcar y las especias envueltas en un trocito de muselina o tela fina. Vierta el agua, remueva y llévelo a ebullición. Baje el fuego y déjelo cocer 30 minutos, hasta que la fruta esté tierna y jugosa y el líquido de cocción se haya reducido a la mitad. Puede que tenga que añadir un poco más de agua hirviendo. Retire la bolsita de las especias y la cáscara de naranja.

Incorpore la piña y recaliente la mazamorra sin que llegue a hervir. Déjela a fuego lento 5 minutos, para ablandar la piña y que los sabores se entremezclen.

Mientras tanto, disuelva la harina de maíz en las 2 cucharadas de agua para hacer una pasta fina.

Agréguela a la mazamorra y caliéntela con cuidado, sin dejar de remover para que no se formen grumos. Retírela del fuego y déjela entibiar.

Sirva la mazamorra en una fuente de cristal, con los granos de granada y los frutos secos tostados por encima.

Baba de lechosa

Para 4-6 personas

1 papaya madura de unos 450 g

el zumo y tiras finas de cáscara de 2 limas o limones pequeños

85 ml de agua fría, más 2 cucharadas

2 láminas de gelatina transparente o 1 cucharada (7 g) de gelatina en polvo

300 ml de leche condensada sin azúcar o nata líquida

3 claras de huevo

6 cucharadas de azúcar fino

ramitas de albahaca fresca, para decorar (opcional)

barquillos o galletitas de chocolate semiamargo, para acompañar (opcional)

La papaya, una fruta tropical autóctona de Brasil, México y del Caribe, sabe a una mezcla de melocotón, fresas y plátano, y combina bien con el toque ácido del zumo de lima, limón o naranja amarga (esta última es la favorita en estos países, cuando es temporada).

Parta la papaya por la mitad y retire las semillas con su jugo viscoso (resérvelas para decorar, si lo desea), extraiga la pulpa y póngala en la batidora o robot de cocina con el zumo de lima. Tritúrela.

Ponga el agua en un cazo y eche la gelatina (si la utiliza en láminas, trocéela primero). Déjela reposar 10 minutos o hasta que se ablande, o siga las instrucciones del envase. Ponga el cazo a fuego lento, removiendo hasta que se disuelva; no es necesario que hierva. Incorpore el puré de papaya y la leche condensada.

Monte ligeramente las claras de huevo a punto de nieve. Añada 4 cucharadas de azúcar, de una en una, y siga batiendo hasta obtener un merengue suave. Incorpore el merengue al puré de papaya. Páselo a un molde para suflé o repártalo entre 4 o 6 moldes individuales, cúbralo y déjelo 2 o 3 horas en el frigorífico, hasta que se haya cuajado.

Ponga el resto del azúcar en un cazo con las cucharadas de agua y remueva a fuego lento hasta que el azúcar se haya disuelto. Eche las tiras de cáscara de lima, caliéntelo hasta que burbujee, baje el fuego y déjelo cocer 10 minutos o hasta que el agua se haya evaporado y la cáscara esté blanda.

Justo antes de servirla, decore la baba de lechosa con las tiras de cáscara de lima y ramitas de albahaca, si las utiliza. Sírvala con barquillos o galletitas de chocolate, si lo prefiere. Puede utilizar las semillas de papaya reservas como toque final decorativo: tienen un sabor a fruto seco un poco amargo.

Dulce de guayaba con vainilla

Para 4-6 personas

2-3 guayabas maduras (unos 450 g), sin el corazón, peladas y troceadas

2-3 plátanos maduros (según el tamaño), pelados y cortados en rodajas gruesas

500 g de azúcar de caña sin refinar

1 trocito de vainilla de unos 5 o 6 cm, abierto para que se vean las semillas

unos 500 ml de agua

300 ml de nata batida o leche condensada

La guayaba, originaria de Ecuador y Perú, suele ser del tamaño de una pera grande (aunque varía), tiene un sutil aroma floral y una pulpa suave y ligeramente granulada que varía de color, desde el rosa oscuro al blanco cremoso.

Ponga las guayabas y los plátanos en un cazo de base gruesa con el azúcar, la vainilla y el agua suficiente para cubrir la fruta. Llévelo a ebullición, baje el fuego, tape el cazo y déjelo cocer de 30 a 40 minutos, hasta que la fruta adquiera un color rojo oscuro y el jugo se espese y tenga consistencia de almíbar.

Retírelo del fuego y déjelo enfriar. Saque la vaina de vainilla pero eche las semillas en el jugo raspándolas. Pase la fruta y el almíbar a la batidora o robot de cocina y tritúrela.

Monte la nata e incorpórela al puré de fruta. Páselo a una fuente de servir, cúbralo y déjelo en el frigorífico un mínimo de 2 horas antes de servirlo. Si lo prefiere, puede pasar la crema a un recipiente para el congelador, congelarla durante 2 o 3 horas o hasta que esté firme, y servirla como una mousse helada.

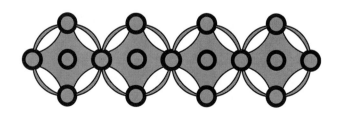

Bizcochitos de chocolate
y nueces con chile

Para 12 unidades

3½ cucharadas de mantequilla sin sal, ablandada, y un poco más para engrasar

125 g de azúcar de caña sin refinar

3 huevos batidos

170 g de harina leudante

250 g de cacao en polvo sin endulzar

1 cucharadita de copos de chile secos

1 cucharada de ron

150 g de nueces partidas por la mitad

Se trata de un irresistible bizcocho de chocolate con un toque de chile que lo hace bien original; un punto de picante suficiente para despertar las papilas gustativas pero sin ser excesivamente fuerte para el paladar. Los aztecas y los mayas consideraban su bebida de chocolate sazonado con chile el alimento de los dioses.

Precaliente el horno a 180 °C. Engrase una fuente refractaria o un molde cuadrado de 20 cm, o rectangular de tamaño similar.

Con una cuchara de madera, bata la mantequilla con el azúcar en un bol caliente hasta que adquiera una consistencia cremosa. También puede hacerlo en el robot de cocina. Bata los huevos e incorpórelos poco a poco, añadiendo un poco de harina si fuera necesario. Cambie a una cuchara metálica y agregue lentamente la harina, el cacao y los copos de chile. Vierta el ron y el agua suficiente para obtener una pasta que se desprenda fácilmente de la cuchara. Pruébela y añada un poco más de chile si lo prefiere. Añada las nueces, reservando algunas de las de mejor aspecto para la parte superior.

Pase la masa al molde preparado, procurando que quede bien repartida. Esparza por encima las nueves reservadas.

Hornéelo de 20 a 25 minutos o hasta que la cobertura esté seca pero el interior todavía jugoso. Retírelo del horno y córtelo en 12 cuadrados mientras todavía esté caliente. Deje enfriar los bizcochitos sobre una rejilla metálica antes de servirlos.

Índice

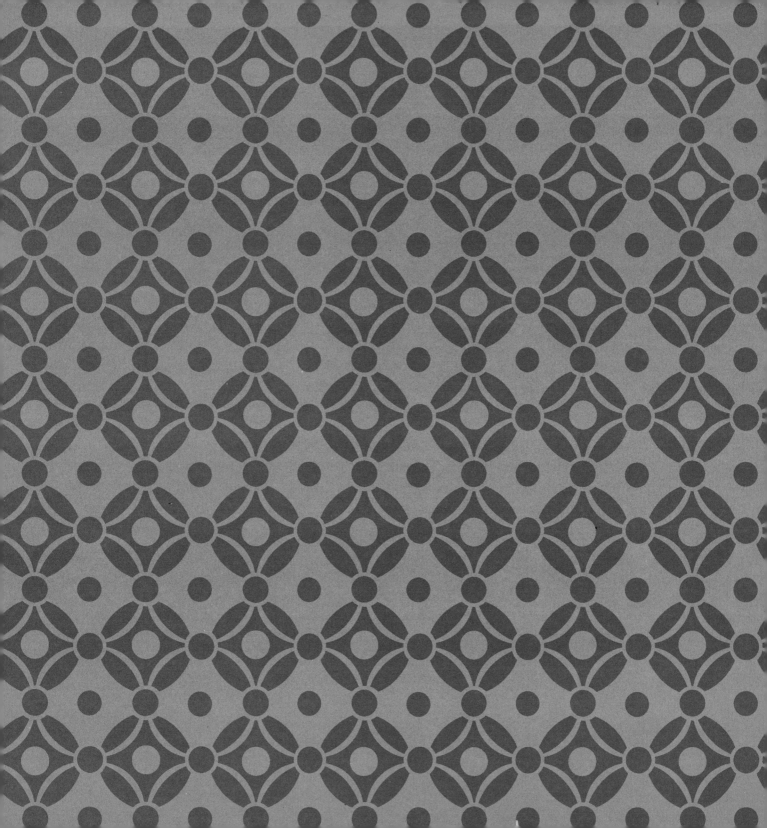